EXTRAMUROS

José Ramón Cervera Grau

COLECCIÓN ITES

EXTRAMUROS

© José Ramón Cervera Grau
© Prólogo: Luis García Trapiello
© de esta edición: Olé Libros, 2025

ISBN: 979-13-87620-55-4
Depósito legal: V-1392-2025
Impreso en España

KALOSINI, S. L.
Grupo editorial olélibros
equipo@olelibros.com
www.olelibros.com

A mi padre

Es entonces cuando Aidos y Némesis, cubierto su bello cuerpo con blancos mantos, irán desde la tierra de anchos caminos hasta el Olimpo para vivir entre la tribu de los inmortales, abandonando a los hombres; a los hombres mortales solo les quedarán amargos sufrimientos y ya no existirá remedio para el mal.

HESÍODO, *TRABAJOS Y DÍAS* (SIGLO VIII A. C.)

Se podría definir el cielo como el lugar que los hombres evitan.
HENRY DAVID THOREAU (1817-1862)

PRÓLOGO

Quien en sus manos tenga este libro y ahora esté leyendo estas líneas sabe que por sus páginas discurre la poesía. Es posible que dude ante un hecho que tanta gente ha presentado como una realidad misteriosa, un arcano difícil de entender ajeno a la cotidianidad con la que nos relacionamos.

Que no haya rechazo sin antes haber entrado en alguna de las páginas que siguen. Encontrará un diálogo callado, sí, pero diálogo entre el autor y quien lo lea. Es una conversación de persona amiga, sin recovecos en el hablar, sin ocultamientos en lo que quiere transmitir.

Es el campo abierto, el viento, sus colores adornados con perfumes que en las palabras llegan a nuestra evocación. «No puedes pertenecer a reino alguno / si no eres capaz de ver el crecimiento vegetal». Naturaleza frente al asfalto, fábricas y cielos invisibles. Una llamada a la búsqueda de la serenidad que en ella se da.

Si soy dichoso al recibir al sol
es sin duda porque de fondo tengo
un brote de manos,
un tallo de hueso,
un verdor intenso
que mueve el aire rojo
que respiro dentro.

Extramuros, allí donde acaba la ciudad, lo construido, lo artificial y comienza el espacio abierto, el mundo vegetal, el viento.

De eso se habla en este libro, pero no se elude que, en la naturaleza, trasunto de la vida, también hay dolor, tensión, esfuerzo y poder ajeno. Los olivos son hermosos, dan apetecido y deseado jugo, pero para que hasta nosotros llegue, antes ha sido obligado que las manos de los hombres y de las mujeres del campo dejasen bajo su sombra penuria y llanto.

Se puede entrar en este libro, *Extramuros,* sin miedo a perderse entre palabras o giros que complican el acto comunicativo.

Sobre las tejas resbala el tiempo tan fluido como la lluvia.
Son pequeñas lápidas sin nombre para enterrar días iguales.

Luis García Trapiello

NOTA DEL AUTOR

La poesía se explica por sí misma, no necesita presentación. Este es el motivo por el cual esta nota puede resultar innecesaria para aquellos que busquen las razones de la poesía y no las del autor. De hecho, el lector que tenga prisa puede prescindir perfectamente de leerla y adentrarse en este libro sin hacer esta escala. Pero resulta que con este poemario también hay un compromiso personal, casi como un manifiesto, en el que me veo obligado a defender no solo desde lo poético, sino desde esta prosa, los paisajes de mi infancia, aquel mundo rural, las viejas labores del campo y el necesario contacto con la tierra de la que, a mi juicio, todos estamos huérfanos. En definitiva, se trata de insistir en la necesidad de cantar no ya lo perdido, sino lo arrebatado, para que nos sea devuelto. Cantar como cigarra mientras se labora en esa dirección como inquieta hormiga. Esta es la razón de ser de esta explícita nota introductoria.

El poema del epílogo trata de un recuerdo de mi infancia en Dos Aguas y habla del hallazgo casual, entre la basura, de un libro roto. Esa lectura precoz en la infancia que plasma el poema es el primer paso en la creación de imágenes y es en sí misma el primer acto poético. Pero somos intrusos en el mundo primordial. En sus aledaños, desde que el lenguaje nos separó de esa matriz y lejos de vivir en el presente perpetuo de los demás animales, habitamos en las sombras del relato que construimos sobre el mundo físico. Imposibilitados de desandar el largo camino del pensamiento abstracto, todo intento de recuperar algo de la clarividencia originaria antes de ser mamíferos sórdidos pasa por la poesía, en el sentido originario del acto poético como la capacidad de convertir el no-ser en el ser.

Recrearemos el tiempo desperdiciado o no vivido antes del desarraigo, pero será siempre desde los intramuros de nuestro estado de civilización. Un doble exilio. El primero adquirido con la condición humana. El siguiente, a través de la huida del mundo rural. Y aunque hay tantos universos alternativos en la interpretación de un mismo texto como personas lectoras, este poemario pretende contribuir de alguna manera a derribar el muro mental que nos separa y que confronta el estado de civilización con el de naturaleza, que enfrenta lo virtual con lo real, que opone al individuo histérico a la sociedad de la que a regañadientes forma parte, que enemista lo apolíneo con lo dionisíaco, que sacrifica al mito en beneficio del logos, que enfrenta al mamífero sórdido con el animal feliz. Este poemario aspira a ser un intento de conciliar los aparentes contrarios de la naturaleza y el mundo rural con el mundo urbano, en algunos poemas mediante una mirada afectada de modo deliberado por las categorías mentales urbanitas que a la vez quiere cuestionar. Hay algunos poemas desolados, pero no para desmoralizar y darlo todo por perdido, sino como intento de sembrar la alerta y poder así reubicarnos. En otros poemas, intentando hablar desde la inevitable suplantación del alma rural con referencias culturales y bucólicas que quieren conciliarse con ese entorno, puesto que en otras épocas históricas fueron de la mano. También hay poemas de crítica social y de extrañamiento frente a la observación e inmersión en la naturaleza. Extrañamiento que concluye en el poema del epílogo, donde el recuerdo de empezar a leer, de comprender los significados de los signos, de saber que sabes, provoca estupefacción hacia uno mismo en el niño que fuimos. En cualquier caso, y en los diversos enfoques, hay voluntad de actuar como poeta de guardia ante la emergencia, antes del triunfo definitivo de la confusión actual entre valor y precio. Intentar estar de guardia, como en el título del libro de Gloria Fuertes, y evitar ser poeta de guarida, ese otro intramuros donde muchas veces nos refugiamos de nuestras heridas, reales o imaginarias.

Hic sunt dracones en ese mundo exterior que anhelamos a la vez que tememos desde su dimensión de Arcadia perdida, desde su extraña capacidad regeneradora, a la vez que destructiva e imprevisible. El referente parecería ser el muro, pero es el otro espacio el que ha creado la frontera y este resulta ser el de nuestro cobijo, el intramuros desde el que nombramos con la comodidad de quien se siente en un lugar seguro desde el que todo parece ser gobernado. Ese concepto genérico de extramuros es la prisión mental que pretende atrapar dentro de sí a la naturaleza y al mundo rural, desde la ridícula paradoja de un encierro que realmente es nuestro, entre los barrotes de la ciudad y del lenguaje. El muro tiene que caer para devolvernos a la vida. Una vida en la que, alejados por fin de todo individualismo, será fundamental entender que ni siquiera ella nos pertenece, la tenemos en préstamo. Y como un eslabón más en la cadena del orden cósmico, debemos aprender a entender y a decir aquella plegaria de los marineros púnicos cuando la nave zozobraba, a punto del naufragio: «Madre de Cartago, devuelvo el remo». Esencialmente esta es la actitud ecológica y civilizatoria: ser conscientes de que en algún momento habrá que entregar el remo, impoluto y en perfecto estado. Para que quienes vengan detrás puedan seguir navegando, haciendo hermosa y digna esta larga travesía de nuestra especie por una naturaleza, tanto física como humana, que siempre debemos de preservar.

EXTRAMUROS

OLIVO

I

Olivo, en las penurias eras el aceite,
el que transustanciaba los escasos alimentos,
el orujo que calentaba las chimeneas,
eras la leña y los utensilios.
Siempre permaneciste viendo
el trasiego de las generaciones.

II

La plata lunar está en el envés de la hoja
y la luminaria amarilla del sol
está sumergida en la sustancia del aceite.
¿Qué savia invisible se condensa ahí?
La rueda del molino estruja
hasta que la aceituna da toda su sangre.
El olivo es la agitación paralizada de la tierra,
la sucesión del tiempo
en troncos de anillos concéntricos
que nos dice que yacemos todavía
en una primera muerte
y que está llena de vida.

III

Olivo acumulando estratos,
arrugas, plegamientos,
antigua bestia disecada por el sol.
Eres la piel de nuestros ancestros
correosos de sol y de penurias.
Manos de la tierra,
sarmientos del vino más sagrado,
nódulos de manos viejas en plegaria.
La oración atendida es el aceite,
el de la unción y las bendiciones,
el que limpia los paladares y desvela
los recónditos sabores de los alimentos.

IV

Bajo el ala de la paloma
llevando la enseña de tu rama en su pico
está el mismo aire que te atraviesa en las tardes puras.
Las ramas en torno a las cabezas
serán los pequeños laureles para los únicos héroes:
recolectoras, vareadores, cultivadores del olivo.
De la misma naturaleza leñosa de la vid,
ruta inexplicable desde el suelo seco hasta los frutos densos,
la civilización atravesó los mismos caminos
y es el resultado de vuestra alianza sobria.

V

Saqueadores, bárbaros.
Sabed que los únicos tesoros eran los lagares del vino,
los graneros del trigo,
las tinajas del aceite
donde se puede yacer vivo tras la muerte,
en el líquido espeso
como de matriz de animal sacrificado.
En la miel, en el vino, en el aceite;
solo inmerso en ellos hay un atisbo de inmortalidad.

VI

El olivo brinda un sol licuado,
elemental como el agua o el vino.
Condensa la luz solar,
es un espejo cóncavo que concentra los haces
para darnos un fuego líquido y amarillo.
Refugio de la lechuza de Minerva
antes de emprender su vuelo nocturno.
Al anochecer lo alzaba
con una sabiduría sin aspavientos,
de relatos y canciones junto a la lumbre.
Tierra de olivos, solera de civilizaciones.

VII

Alineados en huestes romanas,
en formación de hoplitas griegos,
aquí sois jinetes ibéricos consumidos por el sol.
Batalla lenta y trabajosa, interminable, en silencio.
En ese tablero, el que más viva dará su mejor fruto
y verá sucumbir toda veleidad humana.

VIII

Su corteza agrietada nada presiente.
Taciturno, invisible sube el zumo de su tronco
por cauces muertos.
Lo atraviesa el silencio áspero de la tierra,
un afán de elevación
encallado en la imposibilidad de ser árbol,
dispuesto entre el esplendor de colores del frutal
y el arbusto desapercibido.
El fruto de sus pequeños planetas
son las mismas diminutas copas
con las que brinda por nosotros la encina.

Olivos,
manos que se levantan desde el fondo de la tierra.
Manos de los muertos
que devuelven desde la otra orilla invisible
el aceite de la extremaunción
antes de atravesar el lago de aguas verdes.
Los párpados cerrados fueron ungidos de aceite.
Lo devuelven bendecido por los días de trabajo cotidiano.
Lo traen limpio de impurezas.
El signo sobre la cabeza era esta sustancia untuosa
que no es de este mundo,
de este reino que es tan solo
de líquidos fluidos y vaporosos.
Viene el aceite de la persistencia de la marca
que la vida deposita en la muerte,
en el cubículo sagrado de las células
del animal y de la planta.
Viene a devolver el brillo mineral
en el recuerdo de los ancestros,
consumidos de esfuerzos ímprobos y de demasiada luz.
Devuelven a través de nudos que son cuentas
las noches iluminadas por los candiles,
los santos óleos que fueron la única salvación en vida
y que depositaron sobre las manos y sobre las frentes
el misterio que es la circular infinitud del tiempo.

Esparto

Como atochas en solanas
nacieron nuestros ancestros.
En quebradas, en ribazos, en eriales.
El hambre los espoleaba
y también, como el esparto,
frugales y tenaces subsistían.
Entonces el mundo estaba confeccionado con sus fibras.
La vestimenta, los lechos, el fuego, el calzado, las antorchas...
Todo el ajuar y los aperos
eran de ruda sencillez de esparto.
De la misma naturaleza del trigo,
su humildad ofrecía tallos que resultaban tan necesarios
como los frutos cereales de las espigas.
Ya no están las manos que con agilidad tejían las abarcas
para darle suela a los pies alados del comercio,
elevados para siempre sobre la tierra.
Solo las palabras sueltas derivadas del esparto,
como las que vienen del trigo,
subsisten en el lenguaje trenzados sus hilos en vocablos
como un arcano de gramíneas
agitadas por el viento de las voces.

En Iberia hay una estela amarilla de hierba seca
que recorre los campos yermos,
hay polvo de carretas y un ulular de trenes extintos
que solo limpia y acalla
el camino hacia el rumor del mar.
En Iberia hay tensada una cuerda de esparto,
un camino de hierro del que solo queda el óxido,
que juntó la raíz herbácea con la madera náutica,
que ató la silueta cimbreante de la siega
a través de los talleres del esparto
con sus mazos y su polvo,
hasta desembocar en la esbeltez de los barcos
uncidos por una maroma a tierra.
Hay un hilo de plata que brilla todavía
desde hace miles de años,
el que dejaba atadas las sendas a las barcazas
que luego descargaban en los barcos
su tesoro solar de haces, pacas y gavillas
para distribuirlas por un mundo
hecho del esfuerzo universal en las labores.
En Iberia las coronas nunca fueron de laurel,
fueron siempre de esparto reseco y resistente.

Arrancar, voltear todas las fibras de los músculos,
secarse al sol del trabajo,
majarse a golpes de infortunio y alegría,
macerar en la sal del sudor,
esa fue desde el inicio nuestra sustancia que se amasa,
se hace pulpa y se esparta en la vasija del ser humano.
Los tallos cortados se machacaban
como las espigas del trigo se desmenuzan en harina,
se alzaban por encima de la condición quebradiza de la paja
y se cocían al sol y a la sal
para dar aquellos otros panes tan necesarios
como eran los serones, las espuertas, las albardas,
las alborgas con las que se aplastaba la uva
para bendecir mediante la pisada
el mosto que en la primera nigredo
ya se proclama en vino.
Tallos humanos fortalecidos en haz
y luego indestructibles en la soga del trabajo,
tejidos por las rutas de las mercancías,
multiplicada su resistencia con las poleas de los sueños.

Nadie pensaba en un futuro de plástico
y sin saberlo, amábamos las conversaciones
de los recolectores y de los artesanos
mientras ejecutaban su cotidiano milagro
como orfebres de la hierba seca.
Todavía el papel y la cuerda que fabricaron
envuelve aquel mundo perdido
que resultó ser para nosotros
un áspero regalo sin abrir.

GRILLO

Renacido con la lluvia balsámica de septiembre,
un grillo anacrónico y tenaz
quería convencer y convencerse
de que era un rescoldo del verano
imposible de ser apagado.
Estoy seguro que por todas partes rechina el mismo grillo.
Su letanía monocorde era el coro de la alegría en el principio del mundo,
el himno de elevación de lo orgánico sobre lo inanimado.
El mismo grillo ubicuo me resonaba inédito.
Comprendí de pronto que es posible la eternidad del universo
a través del sublime crepitar de un insecto minúsculo,
que siempre es el mismo discurso de la vida a través de una señal encendida.
Sabemos que resulta desproporcionado el canto para tan poco cuerpo.
Sometido a fuerzas superiores que ignora y que lo accionan,
su chasquido es la contumacia ciega de todo lo vivo.
Pero nada hay de divino en ese obediente resorte.
Así el poeta, sin saberlo ni pretenderlo,
también entona una melodía que no es suya.
Sometido a fuerzas desconocidas,
el canto se eleva para hacer de dique
ante la anegación del tiempo y sus proporciones.
Solo las palabras cribarán esos escombros.

El hilo que enhebra el poeta es el mismo que el del grillo,
cubre por suerte el silencio de Dios con la simple llamada,
no es la del recién nacido reclamando desde la cuna,
es un sonda en el vacío del silencio,
es un lamento solar que dice sin miedo:
«Estamos aquí, perdidos, solos,
en medio del mal y del horror;
también en medio de tanta belleza que sofoca.
Bajo esas inclemencias vivimos
en la abrumadora verdad de este asombro».
Junto al grillo vigía, radiofaro escondido entre la vegetación,
el poeta sabe que también un viento frío lo desarbolará alguna vez
de la insignificante carne en la que se engasta el canto.
Pero a través de un imperativo que desconoce y cumple,
sin más grandeza que la que reside en la propia obediencia,
mantiene con su invocación el hilo invisible y poderoso,
la electricidad primordial que levantó en dolor a la forma viva
desde el primer barro sumergido en el amanecer del mundo

Tejas

Sobre las tejas resbala el tiempo tan fluido como la lluvia.
Son pequeñas lápidas sin nombre para enterrar días iguales.
Para esconder debajo de esa alfombra
algo que ni las golondrinas en su algarabía saben.
Para hacer descender al viento
que nunca en su arrogancia
pudo levantar la traba perfecta
de estos escalones ensamblados.
La extensión del paisaje de encinas
tiene una humedad ligera,
de vaho en el primer aliento del día.
Es suficiente para que los líquenes en las tejas
se adhieran al fango cocido por el fuego
y calcinado por el sol,
contagiados de los tonos ocres de los campos.
Entonces se hacen armadura,
amalgama de lienzo mineral
y de vegetal estampado.
Un mineral de teja capaz de comer del cielo,
un vegetal de teja petrificado de visión celeste.
En uno de estos estuches me guardaría
como un lagarto escamado y desapercibido.
Metería la cabeza y me untaría de ese aire interno
hecho de gruta angosta,
de soplo de otoño guardado en lagares,
de verano desvanecido en nichos,
de esa indolencia que proporciona
habitar la obra bien hecha
concluida en infinita geometría.

Sumergido en una paz perpetua de casa solariega,
dichoso desaparecería malherido de tranquilidad cansada.
Se os podía adivinar agrupadas en láminas
sobre las alas de la mariposa,
en la abigarrada piña del pino,
en las virutas de metal que recubren a la serpiente.
Fueron artesanos de piel quebrada como la misma arcilla
los que supieron darle luego cauce natural al agua,
los que agruparon pequeñas tumbas
con las almas de los pájaros,
los que curvaron el barro hacia dentro
para ponerles espejos ciegos a las nubes.
Os sueño como un gato grande os soñaría.
He afilado los pelos de mis orejas puntiagudas
para escucharos como a los tubos de un órgano.
He apoyado mis patas sobre vosotras
y he hecho sin querer
este pequeño ruido que nadie explica.
Ahora duermo enroscado encima
con esta pereza que da el no querer ir
más allá de lo que sabe un gato.

VEGETAL

No puedes pertenecer a reino alguno
si no eres capaz de ver el crecimiento vegetal,
su humildad, su pujanza,
vencedora final de todo incendio o sequía.
Todo es ahí movimiento ligero y sordo
y cualquier alzamiento vivo
existe solo bajo su licencia.
Una brizna de hierba crece frugal
con una gota de agua
que apenas rozó su apoyo en el suelo.
Sé que desde el no-lugar de la muerte
se adivina el crecimiento de las plantas
que, sin embargo, es ajeno a todo
y su constancia deja a los muertos
satisfechos y esperanzados
en esa forma de resurrección.
El esfuerzo de su esplendor
es callado y sufrido.
Algo de él tiene el coraje del trabajo
anónimo y cotidiano sobre la tierra,
que también es generoso y amplio,
como los bosques y los campos de cultivo.
Si soy dichoso al recibir al sol,
es sin duda porque de fondo tengo
un brote de manos,
un tallo de hueso,
un verdor intenso
que mueve el aire rojo
que respiro dentro.

Ante esa luz me elevo y me inclino
como una hoja viva.
En el yermo, los primeros rayos solares
junto al milagro del agua harán que brote todo.
Y una alegría inexplicable habitará alrededor.
Toda criatura lo sabe y lo recuerda.
Solo en esta tranquilidad sin sangre
existe este reino silencioso.
Al fondo de años innumerables por venir
nada que deje llagas sobre la superficie terrestre quedará.
Sin embargo, en medio de la rotación del tiempo,
el vergel que subsista seguirá elevándose imperturbable,
como en una oración muda.
Porque las maniobras de las raíces,
extensas y penetrantes,
amagarán para siempre
el eterno retorno de lo animado

Icnitas

Ochenta millones de años transcurridos
desde que se fijaron las huellas.
Con esa indiferencia con la que contamos la fortuna ajena
mencionamos la cifra inconcebible.
Ahora intenta detenerte en todos los meandros del tiempo,
en su aluvión de días de cielos claros, de nubes y de lluvias.
Intuye la extraña intención de la naturaleza,
portentosa en no borrarse,
pues en el fondo del río, que nunca será el mismo,
subyace en su fondo invisible un agua idéntica.
Naturaleza de dar fe sin ningún afán de rúbrica,
con una marca humilde sobre el limo,
donde la reiteración de los días acumula el cambio imperceptible.
Los carteles explicativos en el centro de representación
estaban más manchados de tiempo
que la remota luz de entonces,
que se posa sin esfuerzo
sobre todos los árboles
siendo todavía la misma.
Las explicaciones y los dibujos
querían poner en escena la obra del tiempo,
sin inicio, sin trama, sin desenlace,
sin público al que ofrecerle lo que no puede ser narrado,
pues solo es sacudida de conciencia,
vértigo para ojos avezados.
Qué paradoja la existencia tan breve de este entramado
frente a la inmensidad callada que pretende cobijar,
de sus bambalinas en apariencia imperecederas
pero que ya en su ensamblaje y en sus desánimos

filtraban el declive de un gran teatro vacío,
donde sin espectadores siempre sobrevive la gran obra.
Ya nos marchábamos.
El sol y las nubes dibujaban un paisaje en movimiento
sobre las losas de piedra.
De pronto el viento, ese fósil viviente,
con su sonido a través de las hojas de los pinos,
fue más fiel que ninguna otra cosa
en la representación de aquel tiempo lejano.
Solo la fragancia, el eco, el reflejo permanecen.
Pero no es posible encerrarlo ni mostrarlo
como a un animal en una jaula.
Solo huella es la huella.
Y su escenario perpetuo
es el ruido del viento inalterable,
con ese sonido más fiel a los hechos en sus fluctuaciones
que el del espejo de la roca y sus heridas.

ÁRBOL

Continuación de la tierra,
impulso retenido,
prolongación del agua
por cauce sin sonido.
Contundencia crecida,
encuentro de aire y tierra
en verde cima.
Atrapa sombras sin dolor,
pararrayos de la luz,
emisario de impulsos profundos
con llamas espesas, erguidas.
Nacemos tan para morirnos
que nadie inventó un reloj de árbol
para acompasar la vida.
En su lugar levantamos muerte a palos
cuando ya dejamos de irnos por las ramas
y mordimos polvo
y pisamos tierra movediza.
Yo nací ya de muerto para poder estar vivo
con ramificaciones dentro de mi cabeza,
extendidas por mi cuerpo,
con un árbol interno de arterias
estampadas y desvanecidas.
Pero vengo malnacido sin cobijo de árbol,
sin ninguna hojarasca que tapone heridas.
Malvivimos haciendo ruido.
Entrometidos en la tierra,
expulsados del edén
y arrojados a un otoño perenne.

Triste espantapájaros del hombre,
intruso ausente,
mala réplica del árbol
en su elevación pajiza.
Ven y mira, espantapájaros,
las ramas caen como cortinas
ofreciendo sin espanto ni malicia
una representación de la existencia
de la que ya no participas.
Tamizan la luz en su descenso
para esclarecer en vano
tu naturaleza furtiva.
Desarbolado,
sé de dónde bajo,
de dónde desciendo,
ilustre homicida,
matojo apuntalado que cae
y vuelve a tropezar,
en esta carrera de monos frenéticos
que asaltan para robarse la comida.

BARDOS

Siento una mano sobre el hombro,
como un haz de luz
traspasando nubes.
Es el recuerdo de las viejas historias
que contaban aquellos que se fueron.
Sus cuentos hacían de los niños inquietos
pájaros atentos posados en tierra.
¿Donde estáis ahora,
fabuladores perdidos en vuestra trama
del ir para no volver?
¿En qué fuente que ya no existe
podría beber de los embustes imprescindibles
que hacían digna la vida?
Perdimos para siempre vuestra sonrisa benigna.
Es como el que perdió la memoria
y mantiene la pesadumbre de saber de algo importante,
que flota en su naufragio,
y que no volverá a la tierra firme de su recuerdo.
No diré que desapareció el bardo inmortal y quedó el relato.
Os fuisteis y os llevasteis la plata y el arte de la orfebrería.
No quedó nada.
Arruinamos la hacienda y confundimos fortuna.
Siempre tan esforzados, tan atentos,
sé que sufrís por nosotros
al ver vuestro regreso
tan necesario como imposible.
Pero ni siquiera nos queda una demanda de auxilio.
Muy pocas veces nos asalta la certeza
de la imposibilidad del regreso del mundo encantado

.

y de vuestra mirada ciega que todo lo avistaba.
Pero ni siquiera es nostalgia.
Es la conciencia desolada que asume el mal.
La parálisis que se extiende en el daño definitivo.
Descansad por fin en vuestra larga noche,
en ese invierno perpetuo de lenguas muertas.
Las almas no nos llegaron a brotar.

ALMENDRO

En este tronco de almendro
cada anillo concéntrico
se iba formando a la vez
que otros sucesos simultáneos
transcurrían en cualquier otra parte.
Y como ellos,
fijados solo al observarlos,
después de una lenta sedimentación.
Si yo vivía indiferente a su acúmulo,
su crecimiento circular lo era
respecto de mis hechos insignificantes.
Su madera arde ahora en una estufa
que parece el tronco de un cuerpo humano.
Arde como la evocación,
como arde todo lo que se vive.
Este calor respectivo
nos deparaba la naturaleza ciega.
Solo el fuego efímero
hace a las cenizas eternas.

Nos fuimos

Nos fuimos a aturdirnos de asfalto y de insomnio,
a domesticarnos bajo los focos de las fábricas
para que nuestros hijos enfermaran de cielos invisibles.
Nos encerramos en establos donde no hay calor de cuadra,
donde se es un extraño, un mamífero sórdido.
Desde las enormes extensiones sacudidas por el sol,
desde lo más hondo, debajo de las raíces de la encina,
pido una lluvia que reparta su regalo
de una humanidad por fin resucitada allí de donde emergió,
en este paraíso que abandonamos,
el lugar exacto entre el bosque y las murallas.

No volveremos al cuarto oscuro

No volveremos al cuarto oscuro que nos alejó del sol,
al encierro de hijo trastornado al que esconden bajo llave
porque los padres se avergüenzan de su delirio.
Árbol, guarda mi oración.
Tus raíces todavía buscan nuestros huesos en vano
y nuestros muertos ya son minerales desapercibidos.
Llamo desde lo profundo,
desde el pozo de tus raíces
que ponen en marcha al día.
Ponnos bajo tu sombra
al resguardo del recuerdo de tus hojas.
Haz vida luminosa de nuestra lenta descomposición.
Descoyuntados, cada uno es una bestia herida y solitaria.
El paso primero de la redención en nuestro regreso
será llorar la sombra de tantas almas buenas
que se fueron en silencio.

HAY VERDADERAS ETERNIDADES

Hay verdaderas eternidades.
Mundos sin las mentiras
de los espejos negros de nuestros teléfonos.
En su oscuridad habitan nuestras sombras,
la vieja y estúpida pregunta de aquel cuento
sobre si hay alguien más guapo que nosotros.
Hay eternidad en los vientos furiosos del invierno,
en el canto del monte en la noche de agosto.
Creemos ser jóvenes sonrientes
y somos viejos fósiles incrustados entre las láminas
de los pequeños espejos negros.
Nos desenterraremos de ese alquitrán
para volver a la superficie de la tierra,
porque el mismo pájaro que nos cantaba
en aquella infancia en el pueblo
vive encapuchado en todos los corazones
esperando nuestra desbandada.

BARRANCO

Aquí nunca me volveré a detener
para agradecer el recorrido
junto al cauce de este barranco.
La luz que no conocí
dice impecable
que siempre fue la misma.
Unas tortugas huyen
dentro de su coraza perpetua.
Estoy al acecho de mí mismo.
Entre juncos aguzo el oído.
Pero nada es audible en esta quimera
que resulta ser todo lo que de verdad existe.
Lo que contemplo me turba de días perdidos
a través de la nostalgia de días nuevos.
De aquella remota nada,
este silencio de espejos que engulle la vista.
Del vacío primordial,
este odre repleto.
Del nadie,
este insecto que relata
y levanta sus ocelos.
Misterio impenetrable:
esta mención que no estaba
se añade sin peso
a lo que aquí existe.

CÁRCELES

Silencio monacal de recogimiento sin plegarias.
A veces bullicio sordo de patio de colegio.
Remanso de paz forzosa en medio del ruido del mundo.
Hay una luz de sanatorio
afilando los cuchillos oblicuos de las sombras
y ni la lejía quita el olor a mamífero abatido
que hay de fondo en toda disciplina.
Los distintos defensores de la reclusión,
en cárceles, fincas y fábricas,
alegan el mismo beneficio en el encierro
para esa idéntica carne sometida.
Perdonan los evidentes delitos
mientras aborrecen y engullen
a los que no son sus delincuentes.
En todas esas cárceles
las paredes se manchan de flores negras
que estallan con el rastro de las manos.
Los barrotes de sus celdas
son tan parecidos a los travesaños de las camas de los hospitales
que la reclusión es una forma más de enfermedad.
La gran prisión sin rejas del mundo,
redes sobre las conciencias,
no justifica estas cárceles sin ventanas,
la ausencia de los árboles,
la mudez de los pájaros.
Nada disculpa a estas afueras tan parecidas al dentro.
Nada disculpa a este dentro calcado de las afueras.

Es necesaria una escapada universal.
La gran fuga sin libertades condicionales.
Una huida hacia el regreso.

La vieja casa
(Intramuros)

Cuando recuerdo la vieja casa,
soy un fantasma que recorre habitaciones
que ya no pueden verme.
Vivo y eso acontece en ese espacio.
Estoy y estuve allí.
No hay otro modo de estar vivo.
El que nunca fui me tiene retenido
y quedo sin saberlo sobre sus falsas horas.
Traspaso de la casa sus paredes
que rezuman el tiempo que no viví
y todos los viejos habitantes muertos
están estampados sobre las paredes blancas,
como sucede con esta evocación,
callados y desvanecidos
como el aliento bajo la nieve.
No hay otro modo de estar vivo.
En este vapor del sueño consciente
hay un estado suspendido,
como de alma en pena,
un no ser del todo
al no estar al completo en ninguna parte.
Formo parte de esa proyección sobre la pared blanca,
soy la luz y su reflejo,
una parte indiferenciada de esa imagen
desangelada y tibia a la vez.
No hay temor en esta certeza,
no hay dolor más allá de la muerte.

Creedme, esto queda más lejos todavía que ella.
Floto en ese recuerdo mío
y así resulto ser más real
en este recorrido por pasillos desiertos
en una casa que no me tiene, que no me ve.
No hay otro modo de estar vivo.
En el dibujo infantil
las ventanas de la casa son los ojos.
Los míos, lacrados de presentes,
miran desde fuera de esas ventanas
y entonces me veo.
Soy la sola mirada flotando sobre los objetos.
Aquí dentro desaparece el mundo exterior,
no sé en qué nebulosa está la imprecisa frontera,
pero qué de lejos viene esta duda de ámbitos,
este miedo doméstico sobre los infinitos parapetos
en los que nos aislamos de tantas intemperies.
De alguna manera permanezco
en esta nostalgia impropia,
puesto que estoy aquí dentro y fuera,
a la vez que recorro aposentos vacíos
hasta de mí mismo.
En este grano de arena,
en la mera descripción,
está contenido el universo.
El niño febril que fui ya lo vio
cuando en la pared azul
imaginaba un túnel.

Y no necesitó nunca de ninguna otra prueba para constatarlo.
Donde no estoy es en esta contundencia del tacto,
en este ruido con destellos,
en este vivir escurridizo.
Vivo en otra casa, en otra alma.

EPÍLOGO

Recuerdo del primer libro

Recuerdo un libro roto y sin tapas
encontrado entre la basura.
Un libro de cuentos de China con dibujos a tinta,
pájaro derribado de cuyas alas tomaría luego su vuelo.
Pudo haber sido tablilla de arcilla rota,
papiro quemado en el incendio,
pergamino podrido en la humedad de los escondites secretos,
libro hecho humo en las piras de tantas hecatombes.
Pero en una tarde de agosto
fue refugio de mi conciencia flotando sobre las cosas,
igual que un dios menor sobre las aguas primordiales,
soplando apenas sobre ellas.
Una vida poderosa en imágenes surgía de la lectura
por encima de mi ser terrestre.
Vida más allá de la vida.
Alegría infantil del hallazgo en la intemperie
de aquel pájaro salvado
que desgranaba su canto
protegido entre las paredes de mi habitación.
Me confinaba horas
huyendo de las pizarras polvorientas
en aquel sepulcro de la resurrección,
donde los espíritus invocados emergían con viveza.
Recuerdo a la muerte morder su propio hueso.
Se retorcía rechinando de rabia
ante aquel acto de nacimiento
imposible de ser emponzoñado por ella.

En la oquedad de las cuencas de su cráneo
el vacío del universo se rellenaba
con el cuerno de la abundancia de la lectura.
La condición primera que la muerte impuso a la vida
para poder existir,
aceptar su propia caducidad,
era un contrato inaceptable para los fantasmas
que levantan las historias escritas.
Nada podía la muerte contra los ojos
recorriendo los signos
mientras el alma se abría
y las hojas amarillas y secas de aquel libro
retomaban el verde de su sangre vegetal
con la lectura hipnótica.
Horas benditas envuelto en aquel limpio placer.
Mi espíritu suspendido era una camisa blanca
ondeando al viento y al sol del día.
El rocío retenido en la tela de la araña.
Vivir no era necesario, mientras que leer sí lo era.
Aquel libro mostraba sucesos prodigiosos
en un universo nuevo apenas descubierto.
Niño asustado de saber que sabía,
retozando en aquel otro barro de la narración,
trampa de una conciencia para otras conciencias.
Que grato era aquel espanto de mí mismo
recorriendo con la vista aquellas hileras diminutas
de ordenadas hormigas
que traían entre sus mandíbulas
las semillas del sentido.

De todas las lecturas queda aquel libro malherido en el muladar.
La pudrición que duerme en la carne,
mármol dentro de la estatua,
desaparece conforme la conciencia queda esculpida
en los caracteres impresos y sin tiempo.
Al principio fue el verbo.
Antes de la lectura había ascendido
entre el poderoso ramaje de las narraciones de los abuelos.
Ahora trepaba desasido a la rama más alta
para abrazar las nubes cambiantes
de los vocablos cruzados en filas de letras.
Temblor de este recuerdo que forma parte sustancial
del no saber nada.
La misma piedad merece quien no amó
que el que nunca pudo leer o recordar un libro.
Lo narrado levantado sobre lo soñado,
lo soñado levantado sobre lo vivido,
lo vivido levantado sobre el sueño.
Las letras hieren junto a las horas,
pero ya nunca la última hora me matará del todo.
Porque levitan juntas en un libro,
como polvo suspendido sobre la luz solar,
infiltrada para siempre en la habitación de aquella tarde.

ÍNDICE